L'édition originale de cet ouvrage
a paru sous le titre: *Oils*
Copyright © Aladdin Books Limited 1988,
70, Old Compton Street, London W1
All rights reserved

Adaptation française de Pierre Zapatine
Illustrations de Louise Nevett
Copyright © Éditions Gamma, Tournai, 1989
D/1989/0195/26
ISBN 2-7130-0984-7
(édition originale: ISBN 086313 770 9)

Exclusivité au Canada:
Les Éditions Héritage Inc., 300, avenue Arran,
Saint-Lambert, Qué. J4R 1K5
Dépôts légaux, 3e trimestre 1989,
Bibliothèque nationale du Québec
Bibliothèque nationale du Canada
ISBN 2-7625-5275-3

Imprimé en Belgique

SOMMAIRE

Origine des photographies

Couverture, pages 17 et 21: Aladdin Books; pages 4, 5 et 24: Robert Harding; page 7: Science Photo Library; page 8: Australian Information Service; pages 9 et 11: Hutchison Library; page 13: Christine Osbourne; page 14: Dr. G.T. Boalch; page 22: Photosource; page 23 (en haut): Zefa; page 23 (en bas): Vanessa Bailey; page 25: Mike Gethin/Defence Magazine; page 30: Wellcome Institute Library, Londres.

LES HUILES

Ian Mercer - Pierre Zapatine

E

Éditions Gamma - Éditions Héritage Inc.

LES HUILES DANS NOTRE ENVIRONNEMENT

Notre dépendance vis-à-vis des huiles est multiple: cuisine, nettoyage, fabrication de peintures et de plastiques, propulsion des voitures et des navires.

Il existe une infinité d'huiles de type, d'origine, de qualité, de caractéristiques et d'usage différents. L'huile de maïs, par exemple, sert à frire des aliments, l'huile minérale, à lubrifier les moteurs. Mais toutes les huiles, qu'elles soient végétales, animales ou minérales, ont une origine organique.

L'essence pour voitures est extraite du pétrole

Il y a trois sortes d'huiles, toutes fabriquées en quantité industrielle : les huiles végétales proviennent essentiellement des grandes récoltes mondiales de maïs, de coton et de soja ; les huiles animales nous sont fournies par les animaux domestiques et les organismes marins, et l'huile minérale, ou pétrole, dont la production journalière s'élève à plusieurs millions de tonnes, est extraite du sous-sol par pompage. Chaque fois que nous faisons le plein de carburant de notre voiture, nous utilisons de l'huile minérale comme source d'énergie.

Ci-dessous, friture d'aliments dans de l'huile végétale

HUILES VÉGÉTALES ET ANIMALES

Les huiles végétales les plus courantes sont extraites de graines, de noix et de fruits: tournesols, arachides et olives par exemple. Les huiles animales proviennent de graisses sous-cutanées ou d'organes comme le foie. Les huiles et les graisses (qui sont en réalité des huiles à l'état solide) des plantes et des animaux leur servent de réserve d'énergie.

Nécessaires à la vie, les graisses contribuent à l'élaboration de parties du corps comme le cerveau, les nerfs, la rétine et les membranes cellulaires. Comme l'organisme brûle des huiles et des graisses, nous devons veiller à ce qu'un régime alimentaire équilibré assure régulièrement leur renouvellement.

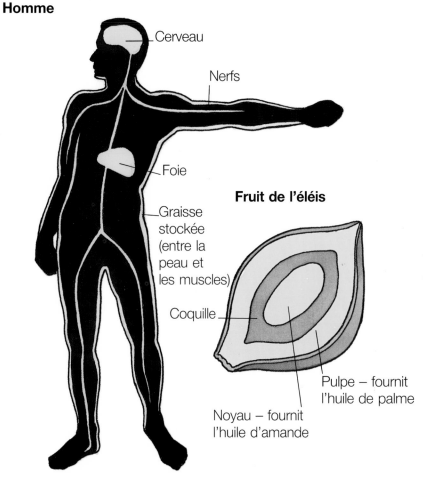

Homme

Cerveau

Nerfs

Foie

Fruit de l'éléis

Graisse stockée (entre la peau et les muscles)

Coquille

Pulpe – fournit l'huile de palme

Noyau – fournit l'huile d'amande

Réserves d'énergie et protection contre le froid chez l'homme et l'animal, les graisses sont stockées sous la peau mais se trouvent aussi en forte proportion dans le cerveau et le foie.

Les graines, les noix ou les fruits sont riches en huiles et graisses. Fruit d'un arbre tropical, la noix de palme contient de l'huile. On extrait de l'huile de palme de sa pulpe et de l'huile d'amande de son noyau.

Vacuoles graisseuses d'un tissu adipeux humain, vues au microscope électronique

ÉLEVAGE, CULTURES ET MOISSONS

Un peu partout dans le monde, des élevages et des cultures ont pour but de produire de l'huile et des graisses. Le lait de vache ou de chèvre, riche en matières grasses, est traité dans les laiteries ; une partie du lait sert à fabriquer du beurre et du fromage. D'autres huiles sont extraites des parties grasses de moutons, de chèvres, de porcs, ou de poissons comme le thon.

Les plantations d'oléagineux occupent dans le monde des surfaces considérables. Aux États-Unis, les champs de soja, de tournesols et de maïs couvrent des millions d'hectares. Après la moisson, les graines ou les fruits sont envoyés par bateau ou par chemin de fer dans des huileries, pour en extraire l'huile.

Les moutons sont élevés pour leur laine, leur viande et aussi leur graisse

Un champ de tournesols en France

EXTRACTION DES HUILES

L'extraction consiste à séparer, par une opération physique ou chimique, les huiles et les graisses des cellules végétales et animales. L'huile végétale est extraite dans une huilerie. D'abord stockés dans de grands silos, les fruits ou les graines sont ensuite lavés. Puis, l'huile en est extraite par pressage, chauffage ou encore grâce à des solvants. Parfois, plusieurs de ces procédés sont combinés, afin d'obtenir une extraction maximale.

Les huiles animales sont extraites par cuisson des morceaux gras, à l'eau ou à la vapeur, et ségrégation. Le suif, utilisé dans la fabrication du savon et des chandelles, est une partie de la graisse des ruminants. Le lard et le saindoux, employés en cuisine et comme lubrifiants, sont d'origine porcine.

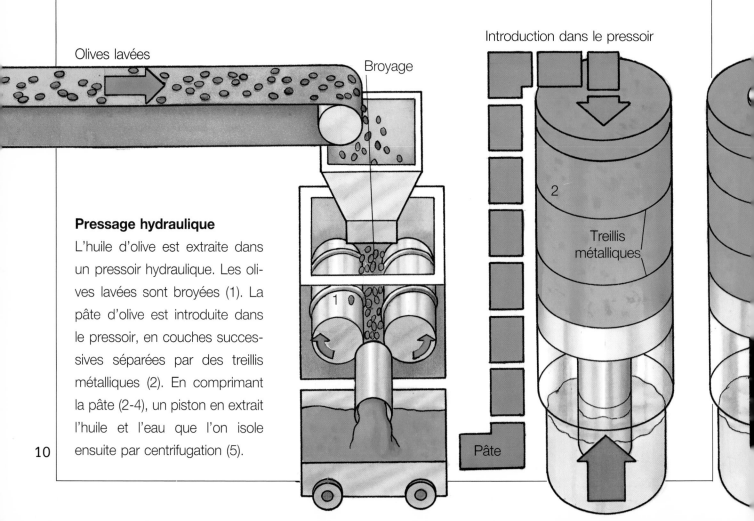

Olives lavées

Broyage

Introduction dans le pressoir

Treillis métalliques

Pressage hydraulique

L'huile d'olive est extraite dans un pressoir hydraulique. Les olives lavées sont broyées (1). La pâte d'olive est introduite dans le pressoir, en couches successives séparées par des treillis métalliques (2). En comprimant la pâte (2-4), un piston en extrait l'huile et l'eau que l'on isole ensuite par centrifugation (5).

Pâte

Cueillette d'olives en Algérie

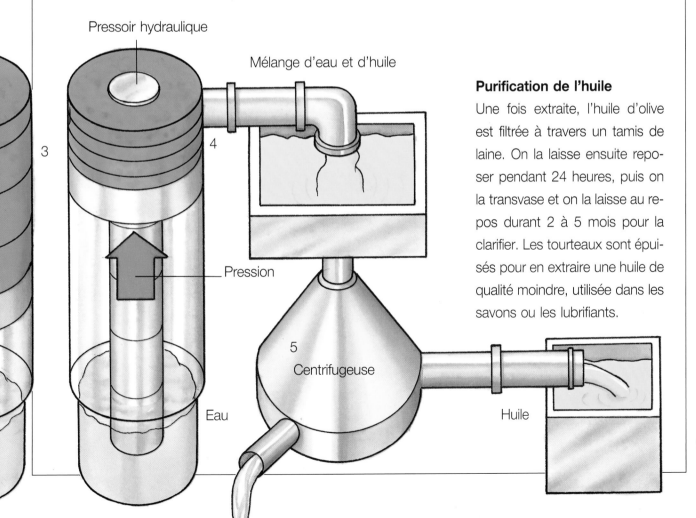

Pressoir hydraulique

Mélange d'eau et d'huile

3

4

Pression

5
Centrifugeuse

Eau

Huile

Purification de l'huile

Une fois extraite, l'huile d'olive est filtrée à travers un tamis de laine. On la laisse ensuite reposer pendant 24 heures, puis on la transvase et on la laisse au repos durant 2 à 5 mois pour la clarifier. Les tourteaux sont épuisés pour en extraire une huile de qualité moindre, utilisée dans les savons ou les lubrifiants.

EXTRACTION PAR SOLVANTS

Comme le pressage ne permet pas l'extraction complète de l'huile contenue dans les fruits et les graines, on dissout les résidus oléagineux en les arrosant de solvants. On chauffe ensuite la solution obtenue pour séparer l'huile du solvant. Cette opération s'appelle l'extraction par solvants. Certaines huiles, comme celle de soja, ne peuvent être obtenues que de cette manière.

Moins riche en huile que l'arachide et l'olive, la fève de soja peut être réduite en flocons, et ceux-ci aisément imprégnés de solvant. C'est le procédé d'extraction usuel. La culture du soja constitue la plus importante culture aux États-Unis, qui en produisent d'énormes quantités.

L'huile de soja est extraite au moyen d'un solvant dérivé du pétrole. Les fèves sont brisées, légèrement chauffées et réduites en flocons. Ceux-ci sont versés dans les paniers d'un transporteur et arrosés de solvant jusqu'à dissolution totale de l'huile. Les tourteaux sont évacués et l'opération continue avec d'autres flocons, tandis que la solution est distillée à la vapeur pour séparer l'huile du solvant.

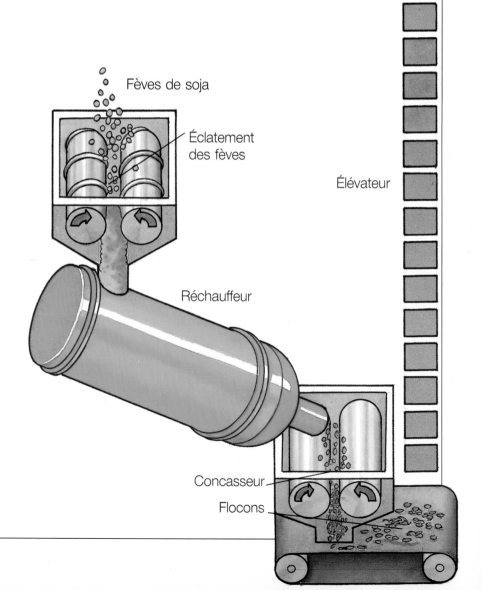

Fèves de soja

Éclatement des fèves

Élévateur

Réchauffeur

Concasseur

Flocons

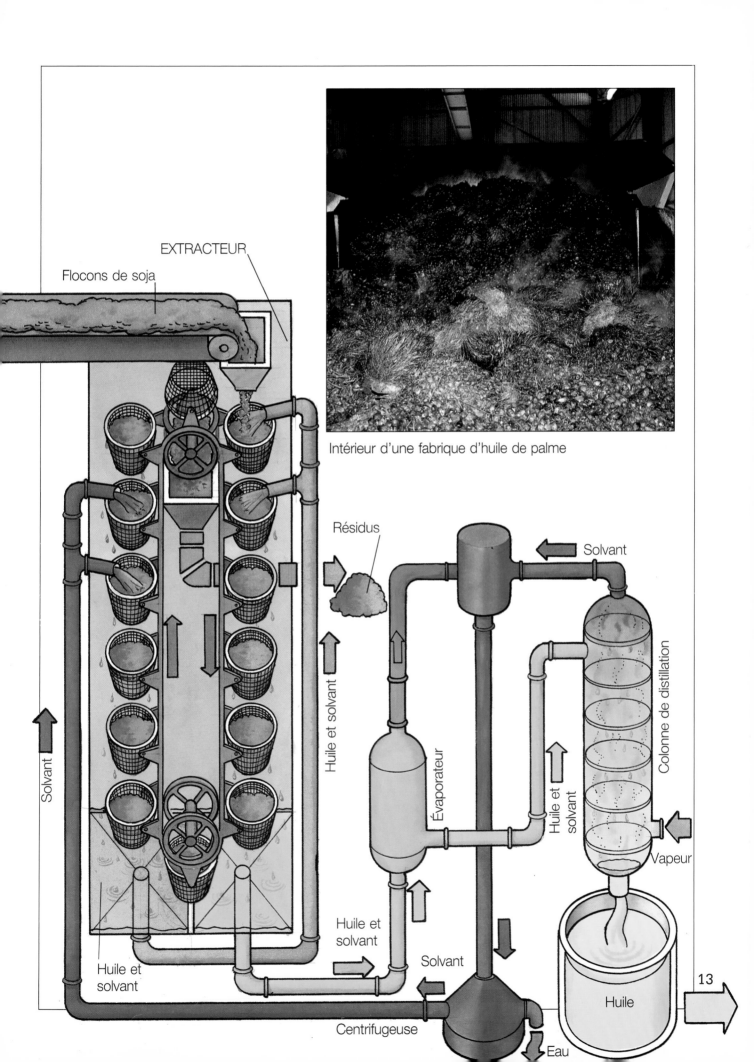

EXTRACTEUR

Flocons de soja

Intérieur d'une fabrique d'huile de palme

Résidus

Solvant

Solvant

Huile et solvant

Huile et solvant

Évaporateur

Huile et solvant

Colonne de distillation

Vapeur

Huile et solvant

Solvant

Huile et solvant

Centrifugeuse

Solvant

Huile

Eau

13

FORMATION DU PÉTROLE

L'huile minérale – ou pétrole – est d'origine organique comme les huiles animales et végétales mais, à la différence de celles-ci, sa formation a exigé des millions d'années. Le pétrole provient des restes graisseux de plantes et d'animaux marins minuscules, déposés et lentement accumulés dans la vase du fond des mers, puis enfouis de plus en plus profondément au cours des siècles et transformés progressivement sous l'action simultanée de la chaleur et de la pression.

Avoisinant souvent des gisements pétroliers, mais formé plus bas encore, là où règne une température plus élevée, le gaz naturel est une autre source d'énergie.

Plantes microscopiques en suspension dans le plancton, origine du pétrole

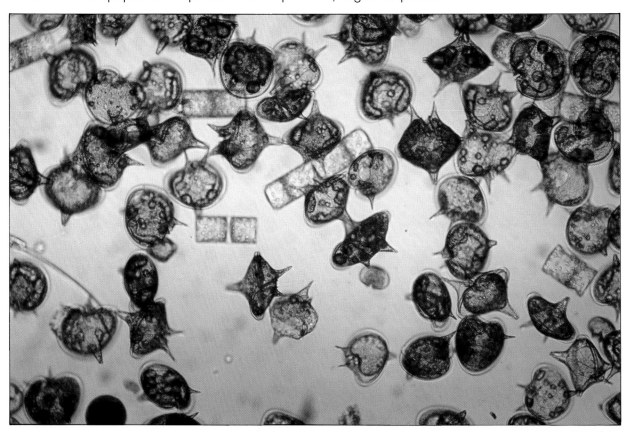

Profondeur en km
Température en °C

1
50
2
3
100
4
150

Vase
2
Sable
3

Huile lourde   Grès
4
Schiste argileux

5
Huile légère

Gaz naturel
6

Formation du pétrole et du gaz

1 Développement de micro-organismes aquatiques animaux et végétaux (plancton) sous l'action de la lumière solaire près de la surface.

2 Mort du plancton et désintégration dans la vase mais conservation des parties graisseuses.

3 Ces parties se concentrent en lenticules brunâtres, entraînant toujours plus profondément dans la vase l'énergie solaire accumulée.

4 Le schiste argileux est d'autant plus chaud qu'il est plus profondément enfoui. Début du suintement d'huile lourde.

5 Augmentation de la température à plus grande profondeur et production accrue de pétrole. De la roche brûlante suinte une huile plus légère.

6 Plus la température augmente, plus l'huile produite est légère. À la limite, gazéification de l'huile et apparition de méthane, essentiellement.

15

GISEMENTS DE PÉTROLE ET DE GAZ

Le pétrole et le gaz naturel sont des ressources précieuses. La prospection exige beaucoup de temps et d'argent. Des techniques spéciales, comme le sondage acoustique, sont utilisées pour localiser les gisements sous la surface terrestre. Mais seul le forage de puits peut confirmer l'existence de pétrole ou de gaz.

Comment se constituent les gisements ? Dès leur formation, le pétrole et le gaz ont tendance à migrer vers la surface. Une partie atteint celle-ci et s'échappe, le reste est arrêté par des roches imperméables, s'accumule dans les fissures et les pores des roches sous-jacentes, comme de l'eau dans une éponge, et finit par former un gisement de pétrole ou de gaz.

Prospection et extraction

Des géologues sélectionnent les régions susceptibles de recéler du pétrole ou du gaz. Des roches pièges (1) peuvent emprisonner du pétrole accumulé. La recherche débute par sismographie (2). En cas de présomption d'existence d'un gisement, on procède à des forages exploratoires et, si le pétrole jaillit, on détermine la rentabilité de son exploitation éventuelle.

L'extraction du pétrole et du gaz en mer s'effectue à partir de plates-formes de production (3). Celles-ci comportent des modules énergétiques, de forage, de pompage et d'habitation. Des puits sont creusés dans différentes directions. Le pétrole est souvent refoulé par injection d'eau.

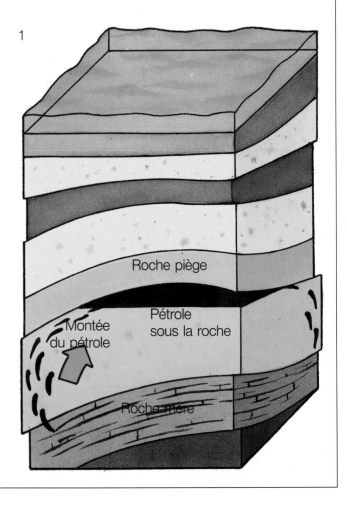

1

Roche piège

Pétrole
sous la roche

Montée
du pétrole

Roche mère

Forage à partir d'une plate-forme d'exploration

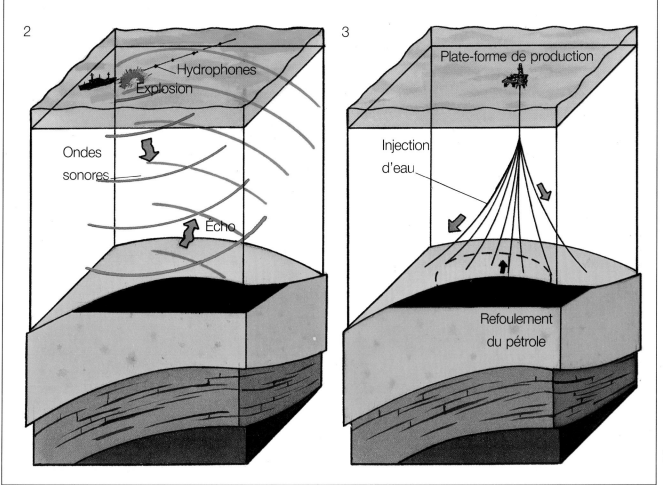

LES HUILES ET LEURS MOLÉCULES

Si l'on étudie attentivement la structure chimique des différentes huiles, on peut mettre en évidence des caractéristiques communes.

Comme toutes les substances, les huiles sont formées de molécules. Celles-ci résultent de la combinaison de particules plus petites, appelées atomes. Les molécules de toutes les huiles sont disposées de la même manière. Elles sont composées de chaînes carbonées sur lesquelles sont fixés des atomes d'hydrogène.

Le pétrole

Les molécules d'huile minérale sont dites hydrocarbonées car elles sont composées d'atomes de carbone et d'hydrogène. Les atomes de carbone sont reliés pour former des chaînes ouvertes ou fermées; parfois longues, celles-ci ont généralement moins de 20 atomes. Les chaînes du gaz naturel sont les plus courtes.

Huiles animales et végétales

Elles sont constituées de carbone et d'hydrogène, et aussi d'oxygène. Chacune de leurs molécules est faite de trois chaînes carbonées d'environ 16 atomes de carbone, montées sur une molécule de glycérine en forme de "E".

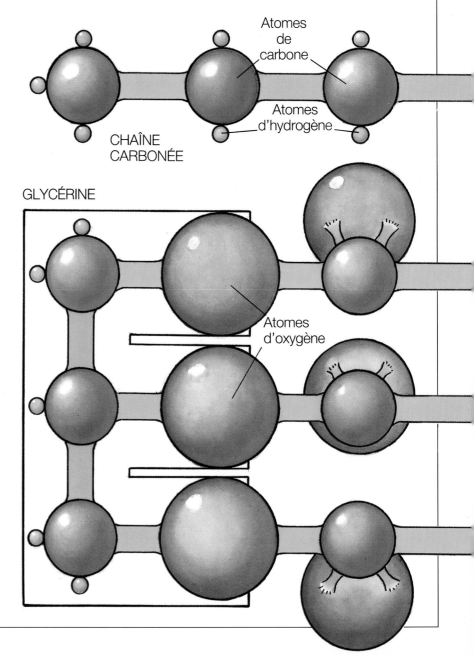

Atomes de carbone

Atomes d'hydrogène

CHAÎNE CARBONÉE

GLYCÉRINE

Atomes d'oxygène

Le beurre et la margarine sont deux lipides usuels. Constitués de millions de gouttelettes d'eau mélangées à des matières grasses, ces corps sont solides parce que leurs chaînes carbonées sont plus résistantes que celles des huiles, fluides à température ordinaire et faites de chaînes courtes et fragiles.

Les huiles et les graisses sont visqueuses car leurs chaînes carbonées glissent facilement les unes contre les autres. La disposition des atomes des huiles volatiles – dites essentielles – extraites de plantes aromatiques, diffère de celle des huiles grasses.

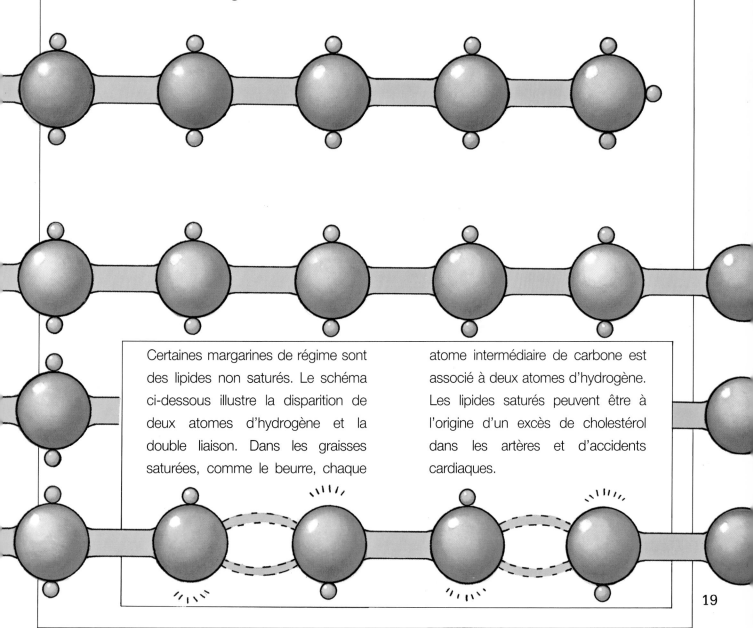

Certaines margarines de régime sont des lipides non saturés. Le schéma ci-dessous illustre la disparition de deux atomes d'hydrogène et la double liaison. Dans les graisses saturées, comme le beurre, chaque atome intermédiaire de carbone est associé à deux atomes d'hydrogène. Les lipides saturés peuvent être à l'origine d'un excès de cholestérol dans les artères et d'accidents cardiaques.

RAFFINAGE ET TRANSFORMATION

La plupart des huiles sont filtrées, purifiées et traitées avant de pouvoir être utilisées. Les huiles animales et végétales sont clarifiées chimiquement. Une fois extrait du gisement, le pétrole brut est d'abord séparé de l'eau et du gaz qu'il contient, puis transporté par bateau ou par oléoduc jusqu'à une raffinerie, où il est soumis à une distillation fractionnée qui fournit différents hydrocarbures dont l'essence et le kérosène.

Les chaînes carbonées de nombreuses huiles sont modifiées pour produire des substances plus utiles. Par exemple, l'élimination d'atomes d'hydrogène affaiblit certaines liaisons et facilite la fabrication de matières telles que le plastique.

En ajoutant des atomes d'hydrogène aux chaînes carbonées des huiles, on peut transformer celles-ci en d'autres substances utiles. L'hydrogénation consiste à durcir artificiellement des huiles animales et végétales par l'action combinée d'hydrogène sous pression et de chaleur. La margarine, par exemple, est obtenue à partir d'huile de poisson et d'huile végétale aux chaînes carbonées faibles et insaturées.

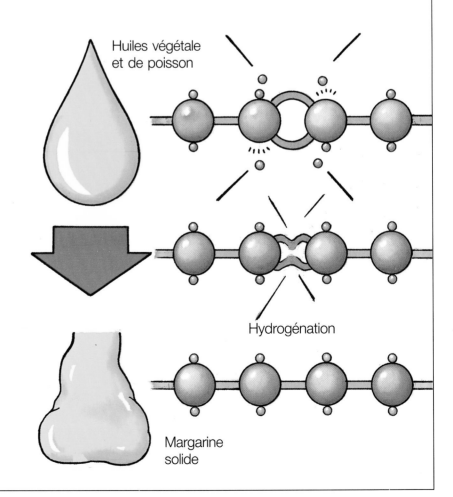

Huiles végétale et de poisson

Hydrogénation

Margarine solide

Le craquage

Le craquage consiste à fractionner les longues chaînes carbonées du pétrole brut pour obtenir des chaînes plus courtes, plus légères et de valeur supérieure. Les craqueurs actuels sont catalytiques.

La chaleur brise les chaînes carbonées

Chaînes plus courtes

Raffinage du pétrole

HUILES ALIMENTAIRES ET CARBURANTS

Les huiles, les graisses et le gaz naturel, dans leur état d'origine ou par leurs dérivés, sont omniprésents à domicile. Ci-dessous et ci-contre à droite, voici quelques-uns de ces produits.

Lorsque vous faites des courses dans un magasin, examinez les étiquettes sur les emballages des produits alimentaires ou des boissons pour déterminer leur composition. Observez toute la gamme des huiles alimentaires. Il vous arrivera de découvrir l'origine et la qualité de certaines d'entre elles grâce aux informations figurant sur l'étiquette qu'elles portent.

Quant à la plupart des plastiques, ils sont des dérivés du pétrole et du gaz naturel.

Huile minérale (pétrole)

Le pétrole entre dans la composition des peintures, mais il est principalement utilisé comme combustible – gazole, kérosène, essence – ou lubrifiant. Certains dérivés sont traités pour fabriquer des plastiques qui entrent dans la composition de multiples produits: rideaux, vêtements, plats et carrosseries.

D'autres servent à la fabrication de solvants, de colorants, de médicaments, comme l'aspirine, et de détergents.

Huiles et graisses animales

Des huiles comme celles de baleine ou de bovins sont utilisées en parfumerie (ci-contre) et dans l'industrie des cosmétiques. Cependant, les huiles animales servent principalement dans l'industrie alimentaire: conserveries, beurre, matières grasses culinaires, lard, nourriture pour animaux. La plupart des savons contiennent 75 à 80% de suif. Les huiles animales servent aussi dans la fabrication d'encre d'imprimerie, de colles, de vitamines, de médicaments, de chandelles, de détergents, de matériaux d'étanchéité, de lubrifiants et en peausserie.

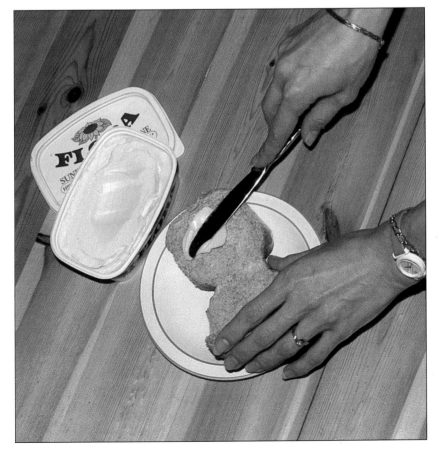

Huiles et graisses végétales

La plupart des huiles végétales sont à usage culinaire et alimentaire (ci-contre). Les huiles siccatives, comme l'huile de lin, sont employées dans les peintures, les vernis et le mastic. Les huiles essentielles, comme celle de menthe, parfument les friandises et la pâtisserie et se retrouvent dans les cosmétiques, les parfums et les médicaments. Les huiles végétales servent aussi à fabriquer d'autres produits: savons, plastiques, chocolats, encres, résines, enduits protecteurs, chandelles, lubrifiants, cires, huiles de frein et pâtes à modeler.

23

PÉTROLE ET GAZ, SOURCES D'ÉNERGIE

Le pétrole et le gaz naturel fournissent, par combustion, la moitié de l'énergie utilisée à domicile, dans l'industrie et les transports. Plus de 300 millions de véhicules utilisent des produits pétroliers dans le monde. Un jumbo-jet consomme 50 000 litres de carburant pour voler de Londres à New York.

C'est la combustion des huiles qui libère l'énergie nécessaire à votre organisme, à la propulsion de votre voiture ou à la production d'électricité dans les centrales thermiques. Le transport de l'électricité est plus facile que celui du pétrole et présente moins de risques. Cependant le rendement de la combustion du pétrole dans une voiture ou une centrale est loin d'être parfait car une partie de l'énergie s'échappe sous forme de chaleur perdue.

Centrale thermique au pétrole

24

Le carburant utilisé par ce chasseur est du kérosène obtenu par distillation du brut

HISTOIRE D'UNE BOUTEILLE D'HUILE DE MAÏS

1. IL Y A DES MILLIONS D'ANNÉES, LES MICRO-ORGANISMES MARINS, VÉGÉTAUX ET ANIMAUX ONT EMMAGASINÉ DE L'ÉNERGIE SOLAIRE, SONT MORTS, SE SONT ENLISÉS PROFONDÉMENT ET SE SONT TRANSFORMÉS LENTEMENT EN PÉTROLE ET EN GAZ. 2. CEUX-CI SONT EXTRAITS ET ENVOYÉS DANS UNE RAFFINERIE 3. OÙ ILS SONT TRANSFORMÉS EN PRODUITS VARIÉS. 4. CERTAINS D'ENTRE EUX SERVENT À FABRIQUER DES PLASTIQUES 5. DONT, PAR SOUFFLAGE, ON FAIT DES BOUTEILLES QU'ON EXPÉDIE À L'HUILERIE.

SUITE AU NUMÉRO 7

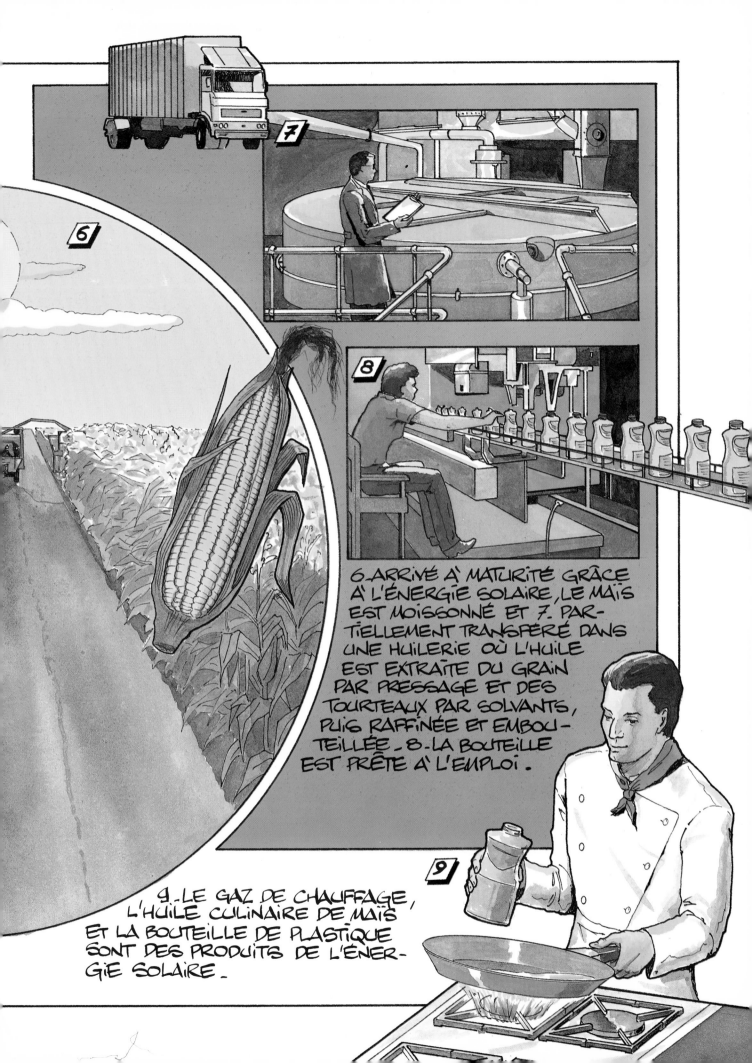

6. ARRIVÉ À MATURITÉ GRÂCE À L'ÉNERGIE SOLAIRE, LE MAÏS EST MOISSONNÉ ET 7. PARTIELLEMENT TRANSFÉRÉ DANS UNE HUILERIE OÙ L'HUILE EST EXTRAITE DU GRAIN PAR PRESSAGE ET DES TOURTEAUX PAR SOLVANTS, PUIS RAFFINÉE ET EMBOUTEILLÉE. 8. LA BOUTEILLE EST PRÊTE À L'EMPLOI.

9. LE GAZ DE CHAUFFAGE, L'HUILE CULINAIRE DE MAÏS ET LA BOUTEILLE DE PLASTIQUE SONT DES PRODUITS DE L'ÉNERGIE SOLAIRE.

PÉTROLE ET GAZ : ORIGINE GÉOGRAPHIQUE

Le pétrole et son avenir

La carte ci-contre indique où se trouvent les ressources actuelles de pétrole et de gaz. En bleu clair, le plateau continental où d'importants gisements ont été découverts durant les vingt dernières années.

Plus de la moitié des 700 milliards de barils des réserves mondiales reconnues se trouve au Moyen-Orient. L'exploitation des gisements les plus accessibles se poursuit partout à un rythme élevé (voir ci-dessous). La découverte de nouveaux gisements plus réduits, plus éloignés et d'exploitation plus difficile est possible. Si les exploitations pétrolières du Moyen-Orient devenaient les seules rentables, la flambée des prix s'ensuivrait. Le tarissement des réserves est peu probable, mais l'utilisation du pétrole et du gaz comme combustibles coûtera trop cher. Les recherches nous offrent cependant des chances de découvrir préalablement d'autres sources d'énergie. Entre-temps, il faut trouver des moyens d'économiser l'énergie.

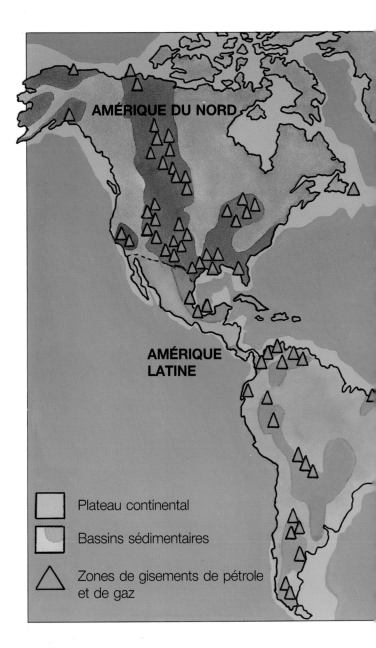

AMÉRIQUE DU NORD

AMÉRIQUE LATINE

☐ Plateau continental

☐ Bassins sédimentaires

△ Zones de gisements de pétrole et de gaz

Production mondiale de pétrole

EUROPE DE L'OUEST	4 018 000
MOYEN-ORIENT	12 867 000
AFRIQUE	5 059 000
AMÉRIQUE DU NORD	11 436 000
AMÉRIQUE LATINE	6 649 000
ASIE ET AUSTRALIE	3 425 000
UNION SOVIÉTIQUE ET CHINE	15 265 000

TOTAL MONDIAL 58 719 000   Les chiffres sont en barils/jour (1 baril = 159 litres)

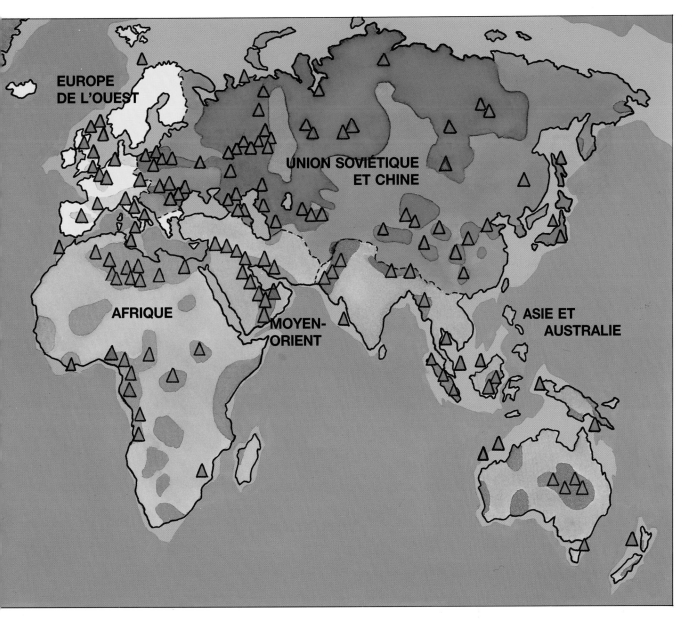

EUROPE DE L'OUEST

UNION SOVIÉTIQUE ET CHINE

AFRIQUE

MOYEN-ORIENT

ASIE ET AUSTRALIE

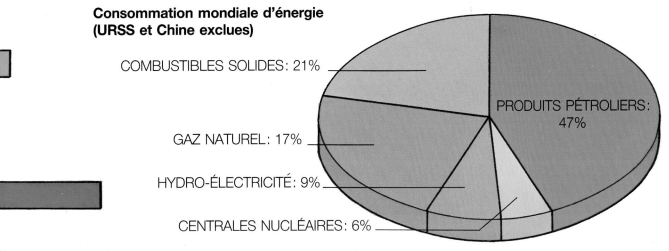

Consommation mondiale d'énergie (URSS et Chine exclues)

COMBUSTIBLES SOLIDES: 21%

GAZ NATUREL: 17%

HYDRO-ÉLECTRICITÉ: 9%

CENTRALES NUCLÉAIRES: 6%

PRODUITS PÉTROLIERS: 47%

HUILES ANIMALES ET VÉGÉTALES, HIER ET AUJOURD'HUI

Dès l'Antiquité, l'huile est associée à l'art de guérir. L'un des ingrédients d'un médicament magistral, gravé dans une tablette de pierre datant de 4 000 ans, est de «l'huile d'arbre». En Mésopotamie, les prêtres-médecins utilisaient l'huile. Il y a 15 000 ans, dans les cavernes de France, des pierres creuses servaient de lampes à huile. On en trouvait encore dans les Shetlands il y a un siècle. Jusqu'à la découverte du pétrole et la fabrication des hydrocarbures après 1860, on employait de l'huile de colza.

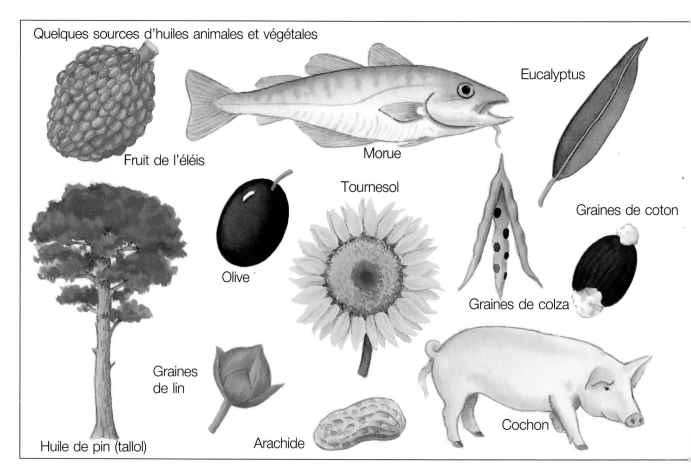

Quelques sources d'huiles animales et végétales

Fruit de l'éléis

Morue

Eucalyptus

Tournesol

Olive

Graines de coton

Graines de colza

Graines de lin

Huile de pin (tallol)

Arachide

Cochon

Cette carte montre les régions où sont produites trois des principales huiles végétales. Un cinquième de la production mondiale provient des fèves de soja dont l'huile est à usage culinaire ou agro-alimentaire. Les huiles d'olive et de palme sont d'usage culinaire. On trouve encore des huiles de lin, de tournesol, de maïs, de colza et de moutarde. Des huiles essentielles sont extraites d'environ 150 espèces de plantes.

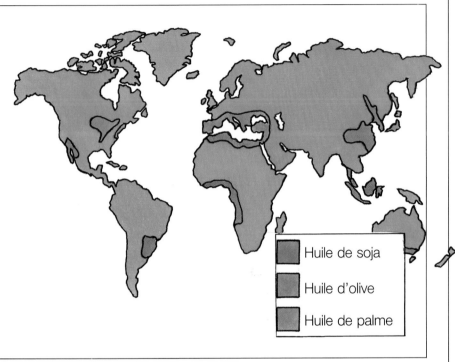

Huile de soja

Huile d'olive

Huile de palme

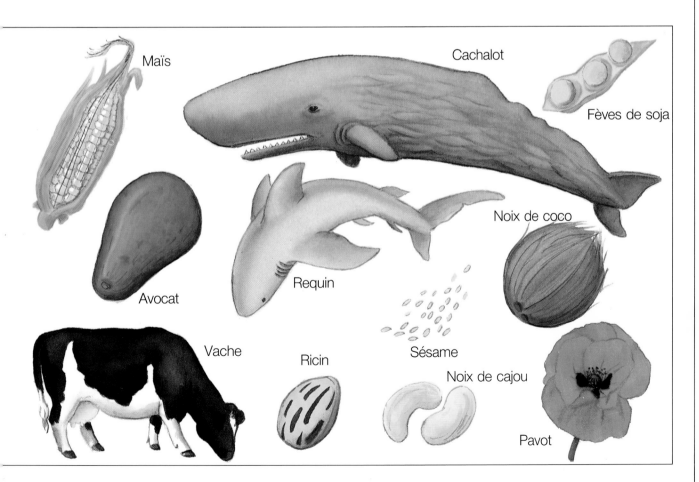

Maïs

Cachalot

Fèves de soja

Avocat

Requin

Noix de coco

Vache

Ricin

Sésame

Noix de cajou

Pavot

GLOSSAIRE

Craquage

Scission des grosses molécules d'huile lourde en molécules plus courtes.

Gisement

Accumulation naturelle de matière minérale, solide, liquide ou gazeuse, susceptible d'être exploitée.

Hydrocarbure

Composé binaire de carbone et d'hydrogène. Le pétrole et le gaz naturel sont des hydrocarbures.

Lipide

Nom donné aux substances organiques usuellement appelées graisses, insolubles dans l'eau, solubles dans le benzène et l'éther et formées d'acides gras unis à d'autres corps.

Pétrole brut (ou «Brut»)

Pétrole non raffiné, tel qu'extrait d'un gisement.

Suif

Lipide obtenu en chauffant le tissu adipeux des ruminants. Est utilisé dans l'alimentation, la fabrication du savon et des chandelles.

INDEX